历史大事件

我是罗马帝国行省长官

（英）朱莉亚·布鲁斯（Julia Bruce）著
（英）彼得·丹尼斯（Peter Dennis）绘
童心 译

化学工业出版社
·北京·

Challenge:Roman
ISBN 978-1-7418-1777-5

Authorized translation from the English Language edition published by Orpheus Books Limited.
Simplified Chinese Character Rights arranged through CA-LINK International LLC.(www.ca-link.com).

北京市版权局著作权合同登记号：01-2011-7214

图书在版编目（CIP）数据

历史大事件. 我是罗马帝国行省长官/（英）朱莉亚·布鲁斯(Julia Bruce)著；（英）彼得·丹尼斯（Peter Dennis）绘；童心译.—北京：化学工业出版社，2018.6
书名原文：Challenge:Roman
ISBN 978-7-122-32040-7

Ⅰ. ①历… Ⅱ. ①朱… ②彼… ③童… Ⅲ. ①古罗马-历史-儿童读物 Ⅳ. ①K109

中国版本图书馆CIP数据核字（2018）第082578号

责任编辑：史 懿 丁尚林　　美术编辑：尹琳琳
责任校对：王素芹　　装帧设计：知雨林文化

出版发行：化学工业出版社（北京市东城区青年湖南街13号 邮政编码100011）
印　　装：北京尚唐印刷包装有限公司
710mm×1000mm 1/8 印张4 2018年8月北京第1版第1次印刷

购书咨询：010-64518888（传真：010-64519686） 售后服务：010-64518899
网　　址：http://www.cip.com.cn
凡购买本书，如有缺损质量问题，本社销售中心负责调换。

定　　价：35.00元

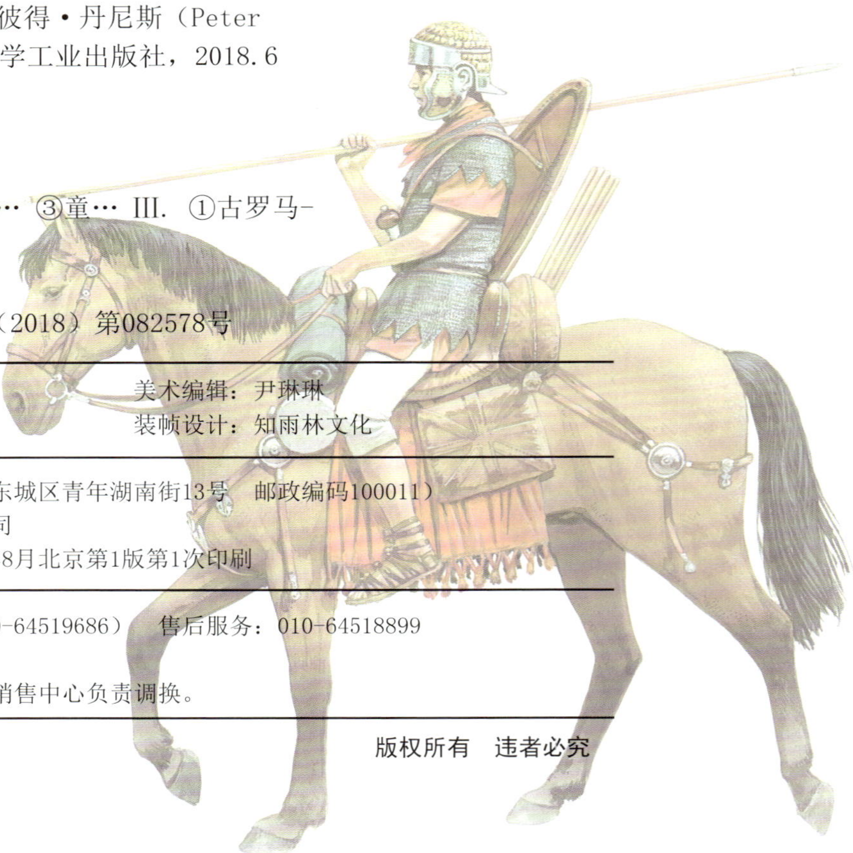

目录

你的任务

公元1世纪，罗马帝国版图日渐扩大。它成功征服了许多新土地，其秘诀在于：杰出的军队组织、训练有素的士兵、雄才大略的将领。现在，罗马想征服更多土地，获取更多财富，尤其是获得铜、锡、铁和其他贵重金属等新资源，还有食物和奴隶。你是一位罗马军队的将领，罗马需要你率领军队去实现这个目标。

你的任务就是去征服一个蛮族之地，将其纳为罗马帝国版图的一部分——那个地方正好在罗马帝国周围。如果你成功了，将会获得丰厚的奖赏。

获胜的将领可以获得被征服之地的管理权。一旦成为那里的管理者，就意味着你将拥有金钱和权力。但你得英明地管理，维持和平，公平收税，并建造新的城镇让人们居住。

制订征服计划和修建新的罗马行省时，你需要知道很多事情。军队要如何组织？攻击蛮族的最好方法是什么？怎样确保领地之内一切安宁？怎样修建良好的道路和城镇？你能打败蛮族并让你的行省繁荣发展吗？

军队是怎样组织的

公元1世纪，在西方世界里，罗马军队拥有最专业、组织最严谨、训练最有素、装备最精良的军队。军队划分为不同的军团，军团由步兵大队、百人队、小队组成。

小队由8个士兵组成，在服役期间，他们一起吃住、训练、战斗。10个小队，即80人，组成一个百人队。这是军队最小的作战单位，听从百夫长指挥。6个百人队组成一个标准的步兵大队。

每个军团有9个标准步兵大队，还有1个特殊步兵大队（第一步兵大队），它由10个百人队或800人组成。

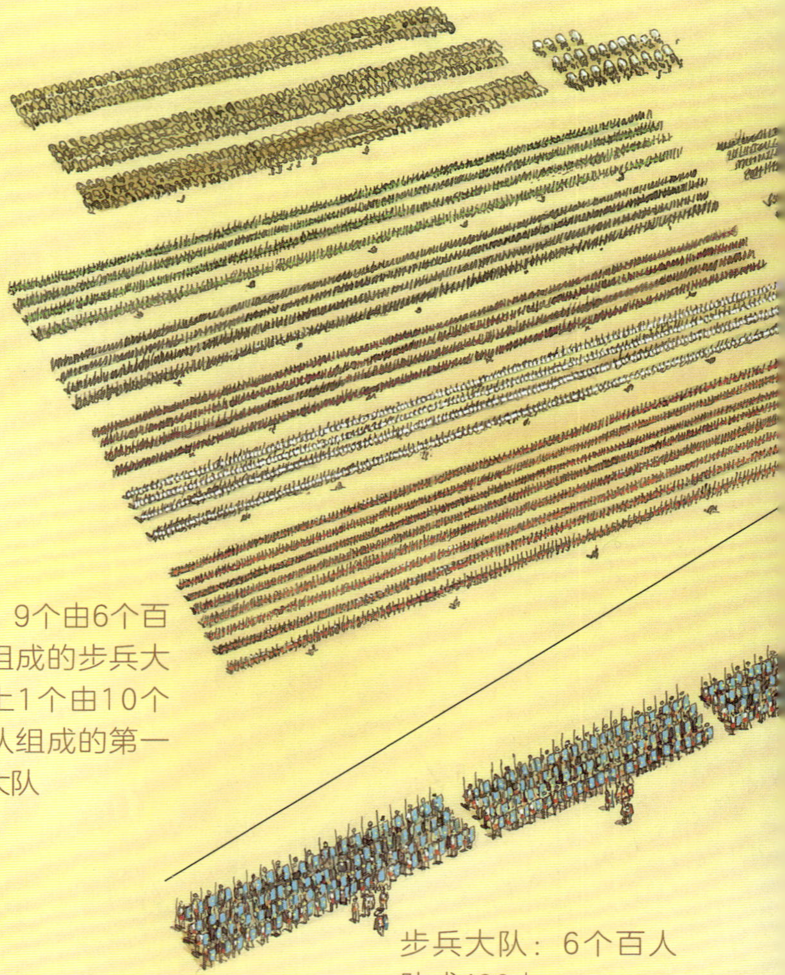

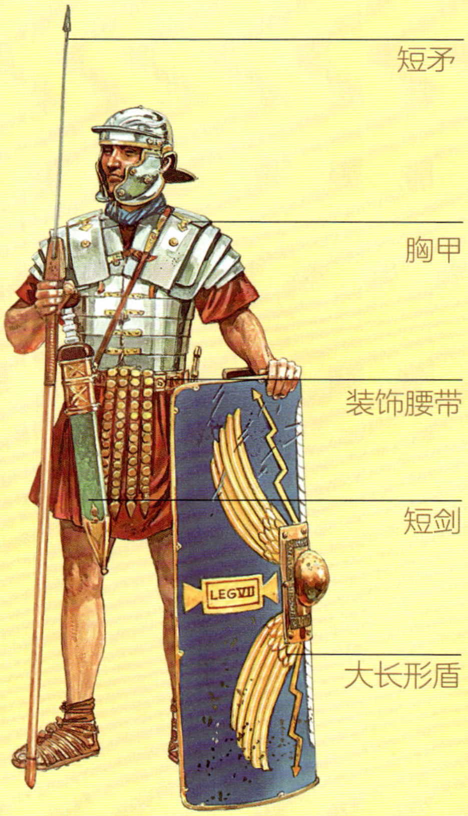

军团士兵

军团士兵是基础步兵，必须为罗马公民，至少有5.5英尺（约1.68米）高，视力较好。军团士兵待遇很好，军队提供食物、衣服、兵器。

旗手

旗手由身经百战的老兵担任，负责手持百人队的旗帜。他也会组织士兵们的“葬礼俱乐部”。军团士兵们每周都会给这个俱乐部存入他们的一小部分工资，用于将来他们自己的葬礼。

每个军团大约有120名骑兵，他们大多来自富足的家庭。骑兵们携带剑、单手作战长矛和几个用来投掷的短矛（又称标枪）。

鹰帜手

鹰帜手手持军团旗帜，这是一只金制或银制的鹰。擎旗帜者一个重要的职责就是不得在战场上将军团的标志丢失，否则将使整个军团蒙受耻辱。

百夫长

百夫长指挥百人队。百夫长薪水可观，身着银铸盔甲。饰有羽毛的头盔代表他们的军衔。他们拿着一根弯曲的藤制手杖训诫士兵。

行军扎营

以每天行军18英里（约为29千米）为目标，才能让你的军队到达目的地。行军太多，会使你的士兵劳累不堪。每天夜晚来临之前，派出侦察兵选一个合适的地方扎营。记住，扎营一般会花2小时，所以，最理想的情况就是，天仍亮的时候就安顿好。

你的军队将带上他们所需的大部分物品，他们将受到良好的训练，知道自己该做什么。要确保每一夜的营帐布局一样，这样方便扎营。这也意味着，天黑后士兵们也能找到路。

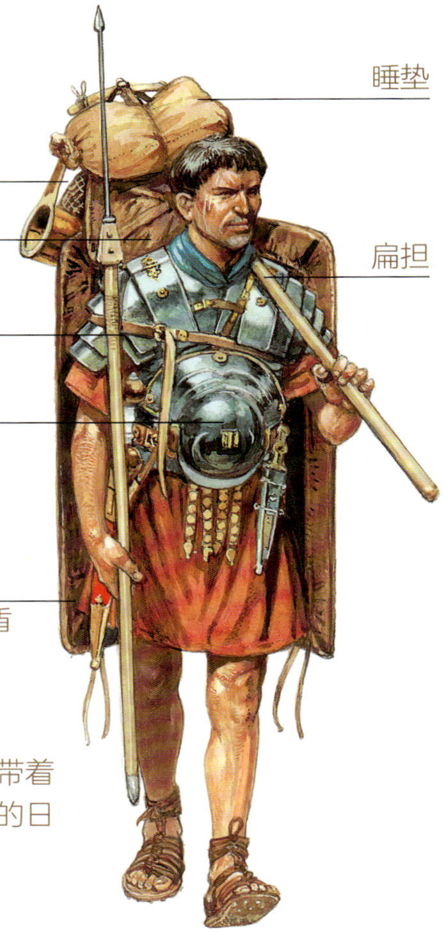

行军的军团士兵带着他的武器和基本的日常用品

军团士兵须携带他们的个人物品和装备，包括配给的食物和水、武器、盾、煮锅、剃刀和梳子。沉重的皮制帐篷由骡子驮运。武装纵队一般包括处于主力部队前的侦察兵、旗帜执手、扎营兵、军团士兵、将军、驮辎重的骡子、厨子、骑兵，以及辅助兵（额外士兵）。

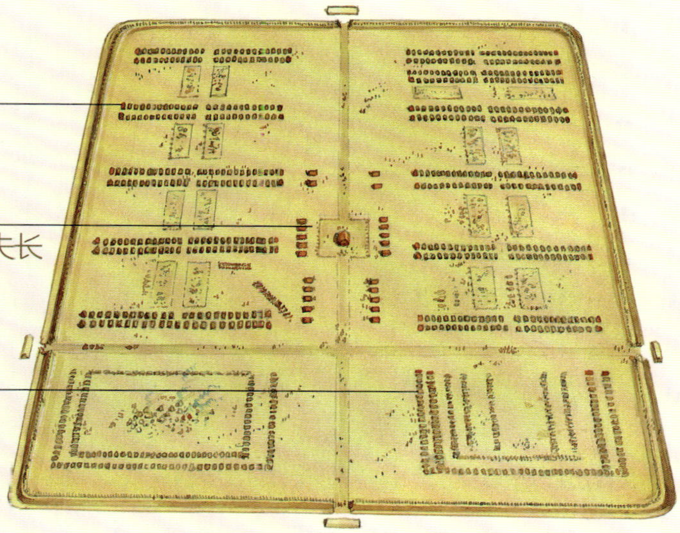

一个军团行军扎营平面示意图

如果你打算驻扎好几天，就必须在营帐周围挖好防御沟渠，用泥土建造防御土墙，在墙顶安上有尖锐桩棍的栅栏。夜里，可以在营帐周边放上尖锐的桩棍丛路障，阻止入侵者。夜里须派一支百人队站岗。要检查供给，保证食物。你的士兵需要吃饱睡好，才能行军作战。

进入战斗

蛮族不会轻易放弃他们的土地。他们召集了一个大部队进攻你。没时间撤退了，你必须在战场上保持冷静。

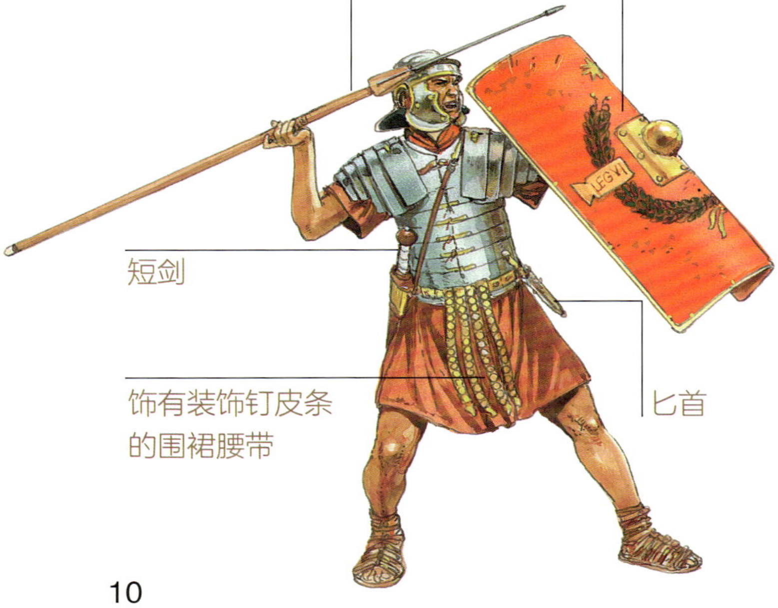

短剑只适合近距离搏斗。盾能够保护身体，只有执武器的手臂是暴露的。士兵们右手执兵器，左手执盾。在战场上，没有人能有机会反过来执兵器和盾。标枪可以飞过己方士兵的头顶，击中敌人。

在开战前，要想增加获胜的机会，你可以把你的军队布置在高地或上风的地方。你需要风来帮你很容易地把标枪投到目标地。背向太阳，让强烈的阳光直射敌军的眼睛，也很有效。

要打败敌人，你的士兵必须保持队列，保证前线连贯向前推进。保留一部分预备队，以便及时替换那些劳累不堪或战死沙场的士兵，填补出现的每一个缺口。

这是龟甲形大盾。士兵们紧密地并肩前进，将盾牌搭接放在头上及前面，这就形成了几乎无法穿透的保护层，保证士兵们向敌军前进时，不会受到箭和矛的攻击。在战斗中，使用龟甲形大盾是一种非常有效的接近敌军的方法。

构筑堡垒

打赢之后，要尽快宣布征服之地属于你，这是非常必要的。让你的士兵有机会庆祝他们的胜利，并向死去的战友默哀。修筑一个堡垒来保护战果非常急迫。

第二天，必须发布命令，开始修筑工作。敌军很有可能重组军队，夺回他们的土地。修筑工作延迟，很可能会导致非常严重的损失。堡垒能为500名士兵提供一个永久的基地。

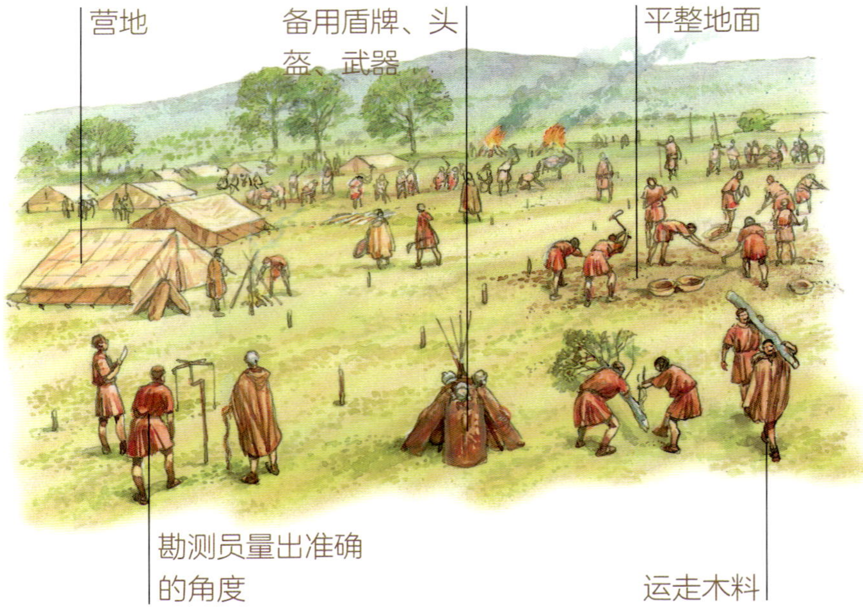

首先，你的任务是选一个合适的地点修筑堡垒。最好选一处高地，这样，敌人需爬上斜坡才能进攻。你要平整地面，清除树林和灌木。勘测员应该立桩标出主要道路和建筑。

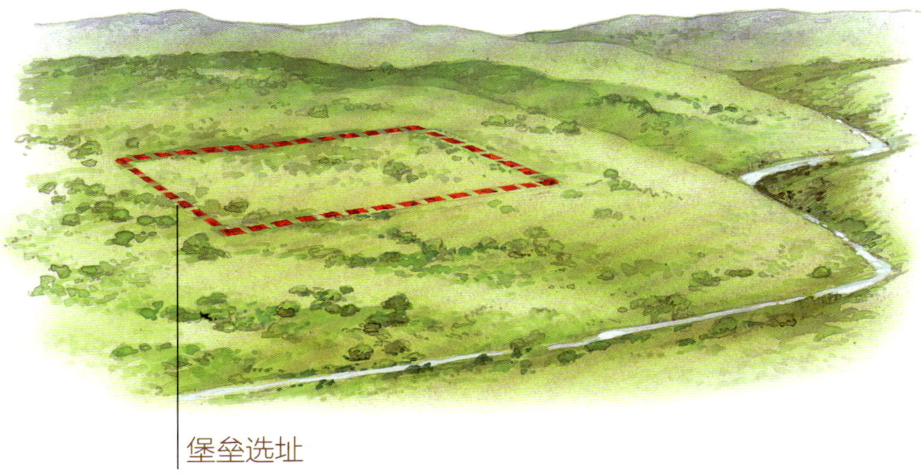

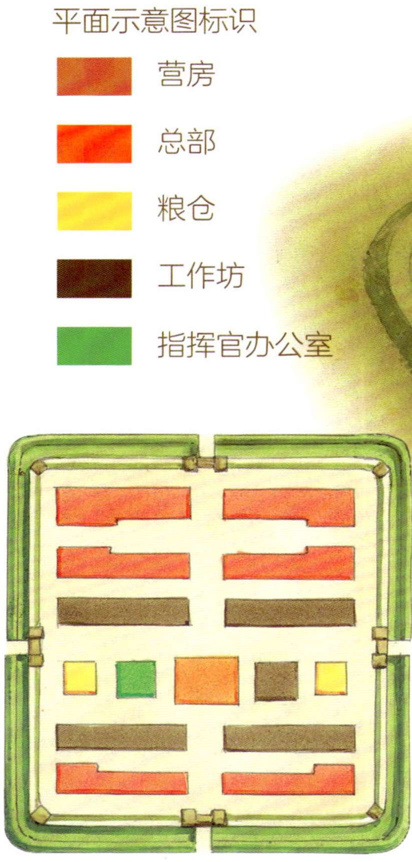

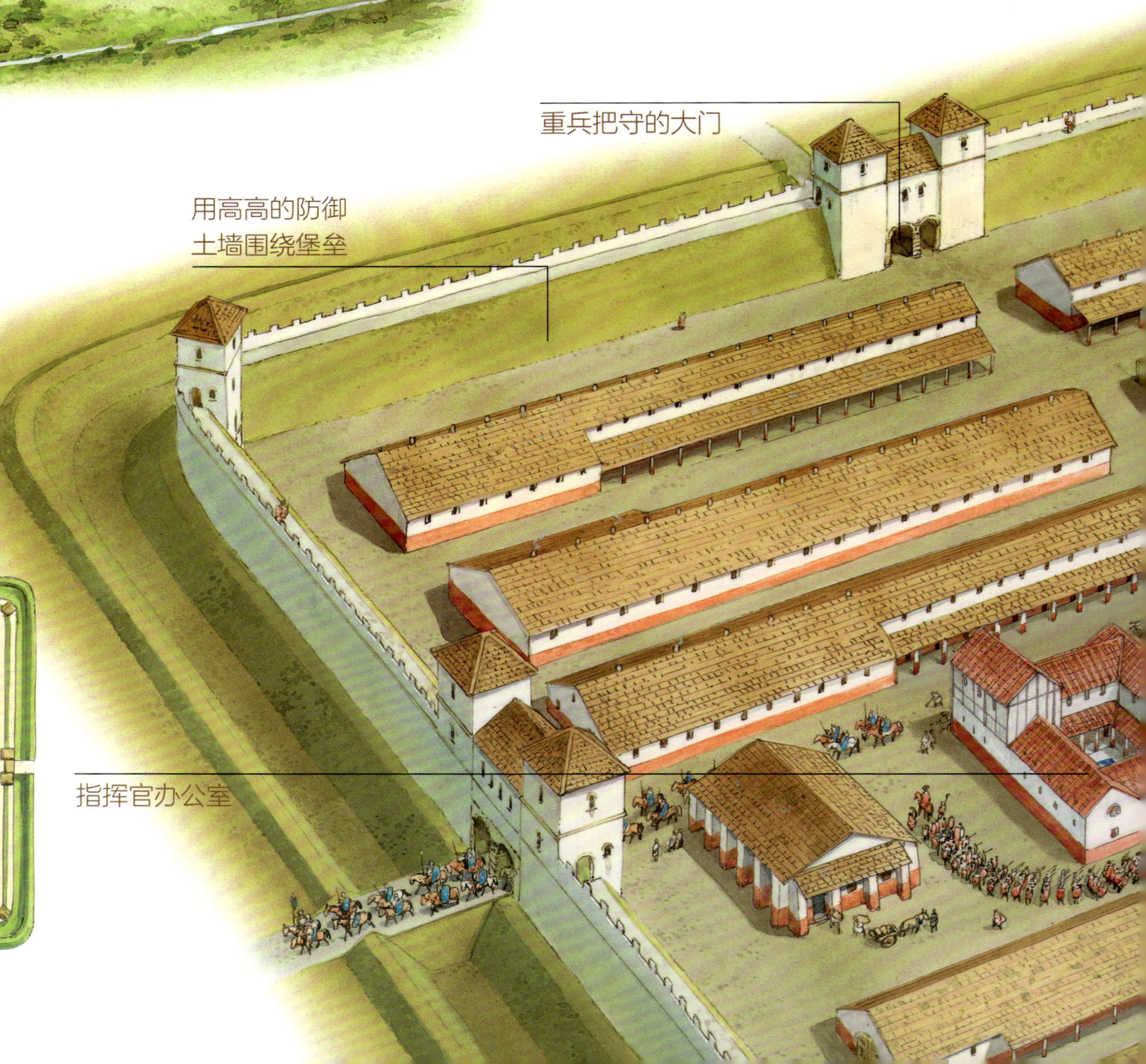

第二步，修建堡垒的防御体系。派一队士兵挖沟渠，这将是让堡垒易守难攻的屏障。挖出的泥土、碎石可以用来修筑防御土墙。同时，让另一队士兵采集建筑用的木料，之后木匠就可以把木料加工成所需的形状。

房屋墙壁应分几个部分修筑，之后再组合成型。每部分都会有一个木制“框架”，上面装满板条（交织的木棍）和涂料（粗糙的灰泥）。墙体会依附到粗大的柱子上，然后再涂上平滑的灰泥。这样，墙看上去就跟石块一样。

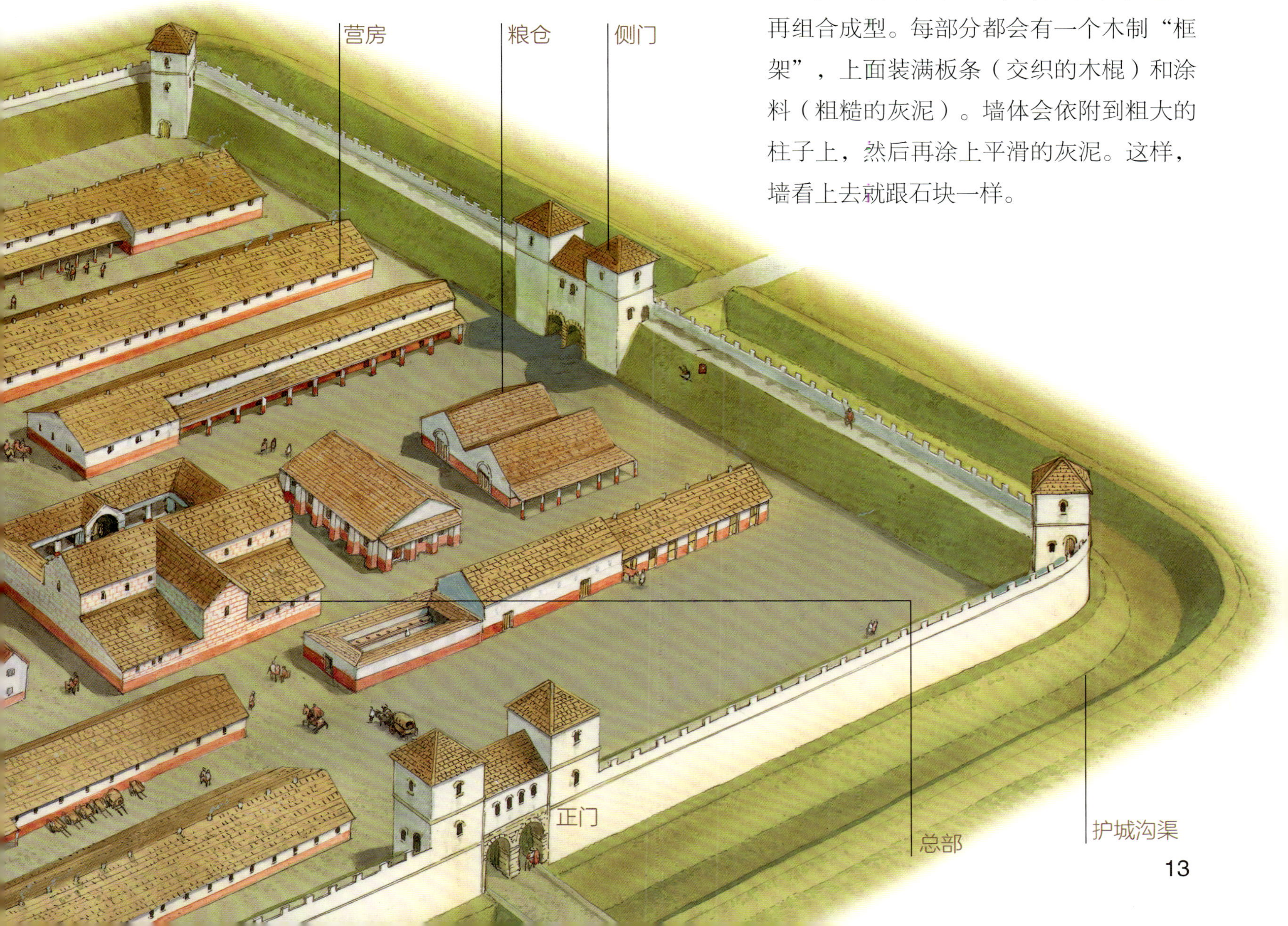

进入堡垒

堡垒现在已经修建好了！你有一个安全的指挥中心了。你的总部位于堡垒中心。堡垒里面还有医院、粮仓、浴室、营房和马厩。堡垒外面需平整出一块地作为练兵场。

这里会经常发生叛军的反抗，所以，要确保堡垒中的情况始终良好，士兵们要做好随时应战的准备。要让士兵们保持身体健康，并通过演习训练学会遵守军规和作战本领。

堡垒中的日常生活

应该让营队里的士兵保持忙碌，这里有许多事要做。士兵们需要保持健康，遵守纪律，集中精神备战。军团里既有有经验的士兵，也有一些新兵。新兵尤其需要花一定时间来学习作战技巧。

早晨的报告开始了新的一天。作为营队指挥官，所有的百夫长必须交给你手写的报告清单，上面注明多少人可以工作，哪些工作已经分配好了。然后你要和他们讨论这一天的任务，并以百人队分担工作。最后，你要告知百夫长今天的口令，这也是为了安全起见。不知道口令的士兵离开营队后将无法回来。

让你的士兵们在练兵场列队接受检阅，之后，百夫长会分配今天的任务给他们。百夫长应惩戒那些衣衫不整、装备不齐的士兵。兵团士兵每天都要接受训练。

要确保新兵每天花几个小时接受作战技巧学习。直到他们学会如何操控兵器，才能使用木剑对着训练桩练习。这一阶段，使用真正的武器很容易伤到他们自己。

你的军队仍在和这个行省的一小撮蛮族作战。每天都会有一些受伤的士兵返回堡垒。营地医院只有最基本的医疗条件。伤口需缝合或烧灼消毒，断骨要用夹板固定。必要的话，还需手术切除受伤严重的肢体。

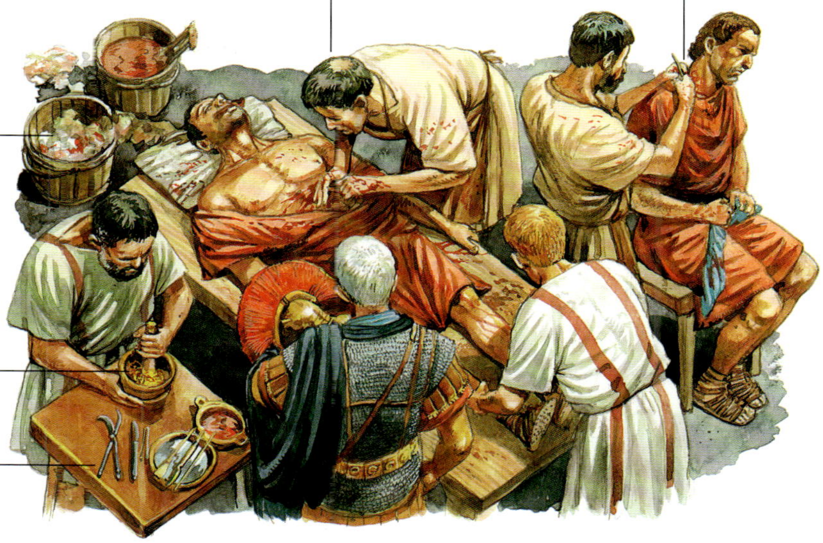

你的士兵不能在堡垒里生儿育女，这样会分散他们的职责。你和百夫长们则有这项特权。

井然有序的军营是非常重要的。士兵必须立即执行你的命令，违抗和懒惰必须被禁止。百夫长可以抽打任何违纪的士兵。如果一名士兵擅离岗位，逮到就得处死。指挥官会做决定。这些惩罚是为了让其他士兵服从管理。

统治领土

你必须尽快把这个蛮族之地变为新的罗马帝国行省。起初，你可能会发现当地人在反抗你，所以要严格谨慎。但要记住，罗马帝国兴盛不衰的一个秘诀在于它对当地风俗习惯的包容。

维持秩序，但也要让当地居民延续他们自己的风俗习惯和宗教。估算当地人的财产，这样才能决定让他们给罗马交多少税。将罗马币制引进到这儿，这样就方便与帝国其他地方进行贸易往来了。

罗马帝国要求所有行省都要交税，他们财富的一部分要支付公共开支。这其中的一部分会返回罗马。你也可以用一些去资助这里的建设项目。切忌赋税过度或收受贿赂——你必须公平地赢得信任和尊重。税收一般以农作物、货物或钱币的形式交付。

金质奥里斯（古罗马的金质货币）

青铜质塞斯特蒂厄斯

银质便士

立即开始建设项目。不过几年，堡垒就会发展成为一个真正的城镇。如果你的堡垒靠近海岸，就需要建一个港口。税收所得可以用来建造公共设施，如浴室、长方形廊柱大厅（市政厅）、粮仓、竞技场。街道应该建成有序的格子式并被铺平，这样就不会在雨天变得泥泞。建一个污水污物处理系统是另一种将罗马式生活带入该行省的重要方式。

确保供给方便安全地到达是很重要的，这就是为什么要首先修路的原因。如果当地居民对你们仍怀有敌意就很有可能攻击补给车，所以，要确保补给车总有武装卫兵的保护。适当的时候，你可能会从帝国其他地方购入一些昂贵的奢侈品，如酒水和玻璃器皿。

你需要一些工匠为城镇提供货物和服务，如木匠、皮革工人、铁匠、制陶工人等。即使你有从罗马一直追随你的人，你也要鼓励当地人建立他们自己的贸易。

建造渡槽

水源供给对你的新城镇至关重要。派勘测员和工程师找到最好的天然水源。确保选中的河流或山泉必须高于城镇的海拔，这样才能使水向下流淌。如果输水管道经过山谷，须修建渡槽来引导水流。这就需要仔细施工，确保水流能一直向下流向城镇。

你首要任务中的一项就是改善并扩建行省道路，这样才能方便士兵和供给的出入。勘测员应尽量将道路设计得越直越好，这将使路程缩到最短。要修路，首先应挖一条沟渠，将下面踩平实，然后用沙子填平。

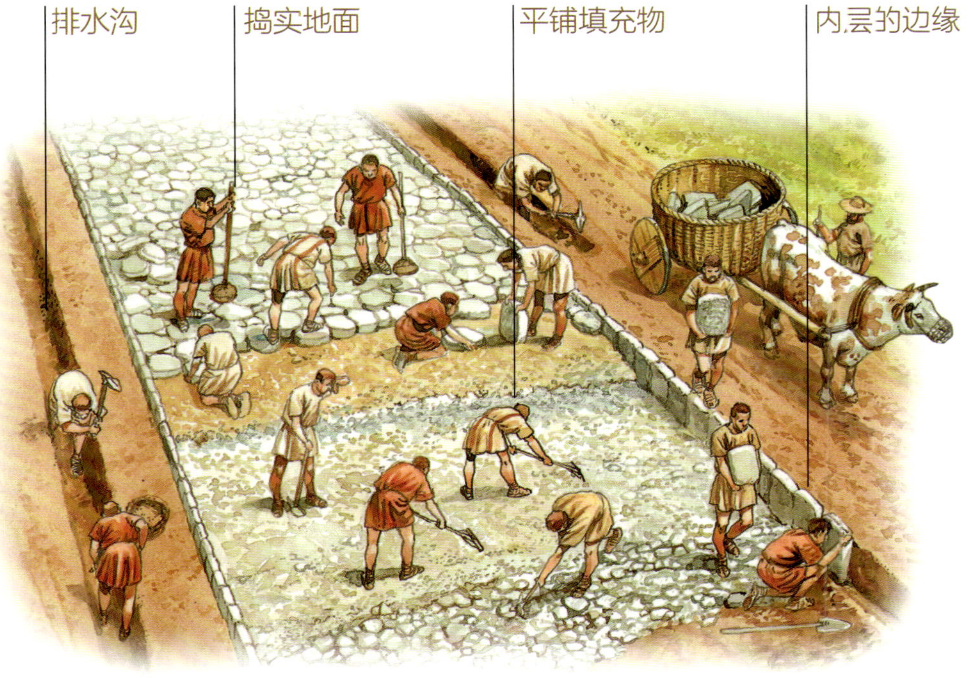

用石头和泥土填实沟渠，用石板沿着边缘放置。最上层盖上平坦的石板。捣实石板，使它们平整紧实。最后，中间的表层应稍微向上弯曲，这样可以让雨水向两边流淌。沿着道路的两侧挖排水沟将水排走。你的士兵们每天需要修建大约1000英尺（约0.3千米）的路段。

浴室和住宅

如果你的工作做得好，你可能会被委以行省政府官之职。这是一个地位高、受尊敬的职位。为你自己建一座辉煌的宅邸来显示你的重要性吧！

你还要确保该城镇的人拥有罗马所有的舒适生活。这儿要有一个竞技场，至少一个公共浴室。公共场所和你的住宅里会有一些服侍的奴隶。你可能会在战场中带回很多奴隶，但你也要从当地的奴隶中选出一些。

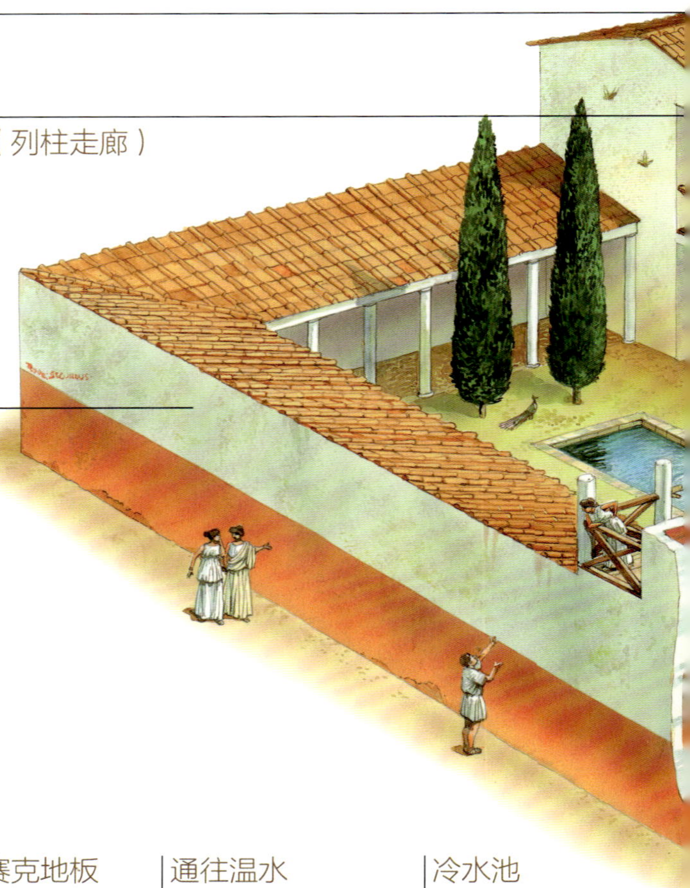

公共浴室

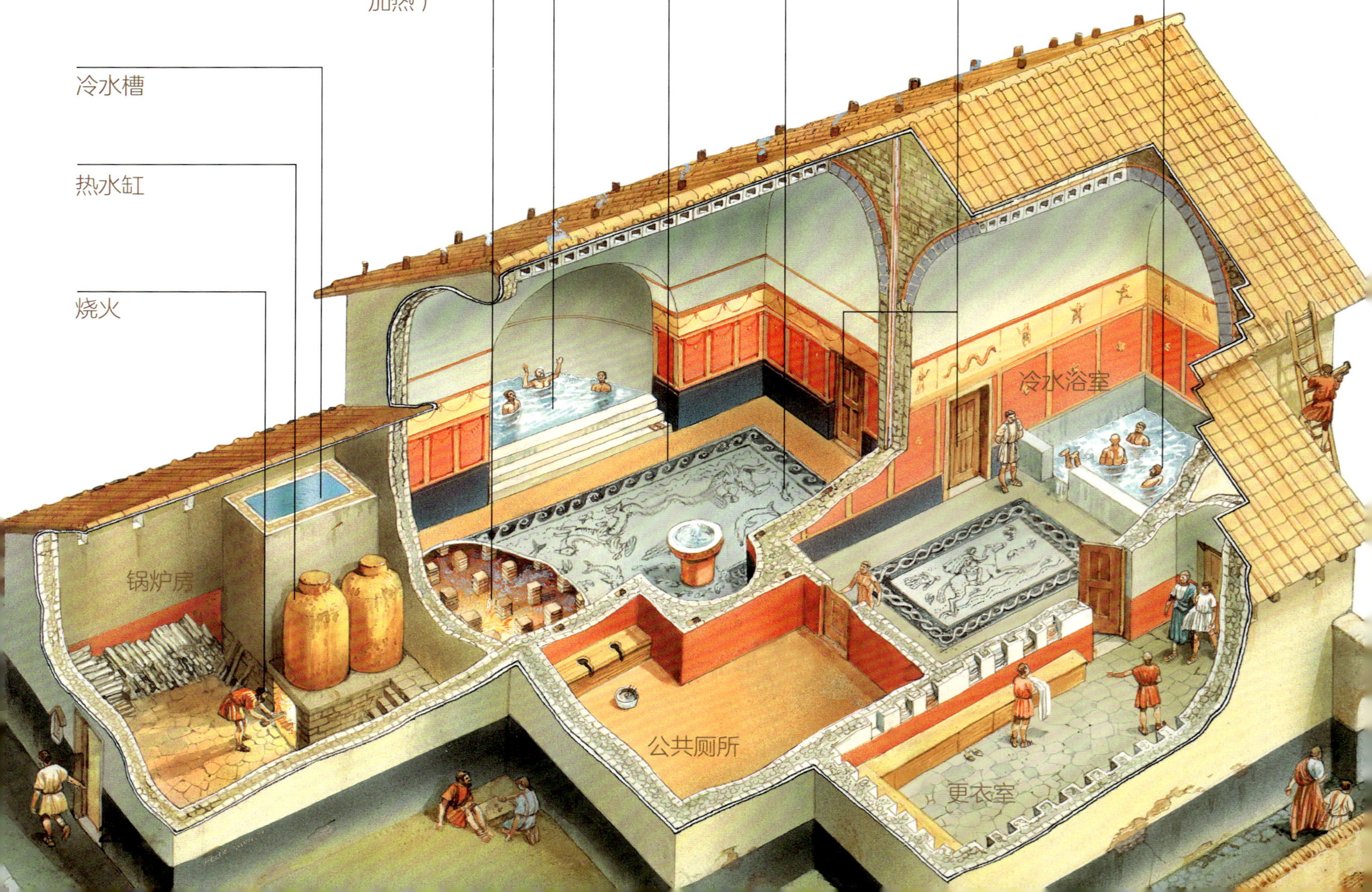

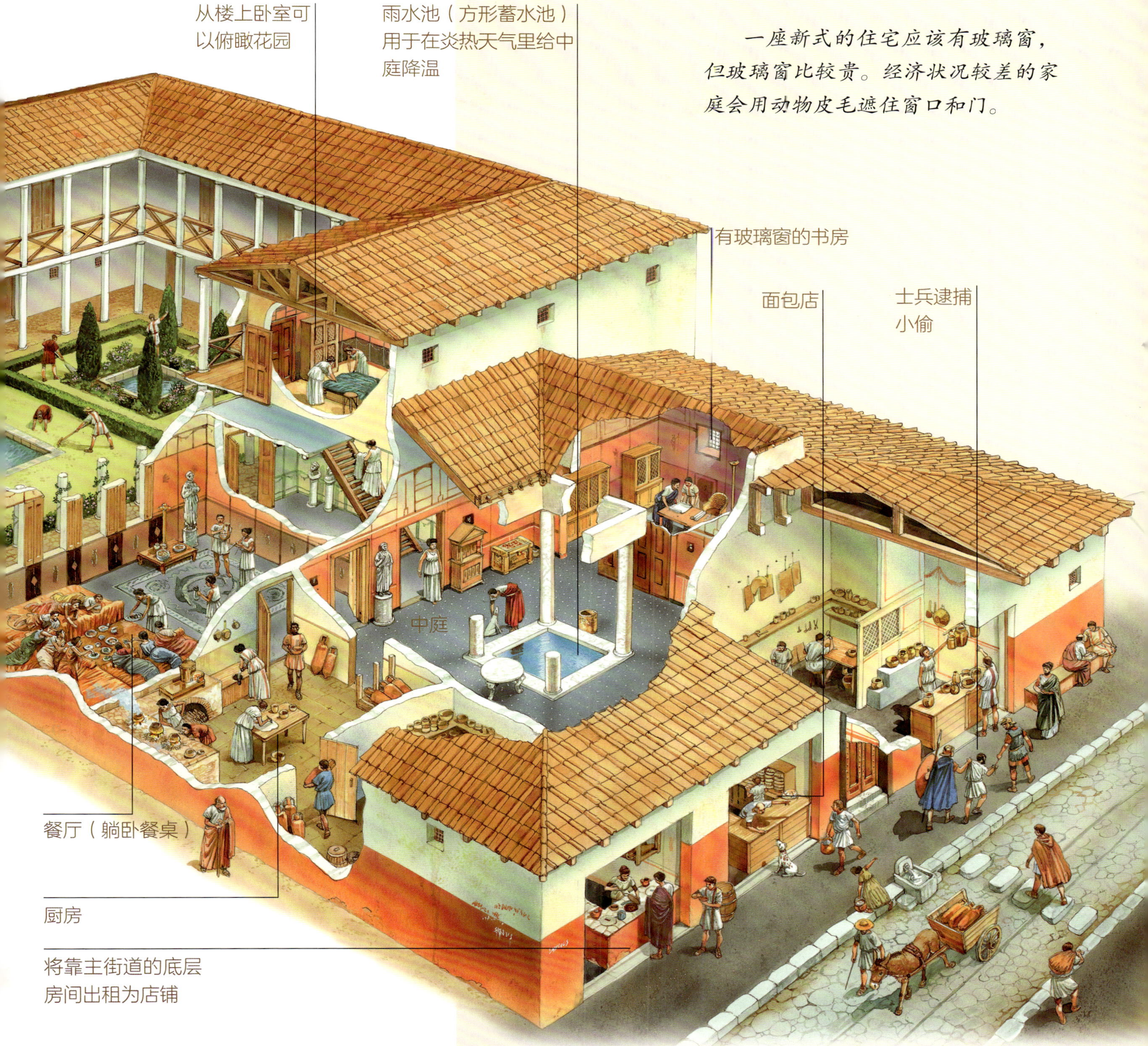

一座新式的住宅应该有玻璃窗，但玻璃窗比较贵。经济状况较差的家庭会用动物皮毛遮住窗口和门。

定期在公共浴室沐浴是罗马人的一种习俗。浴室应列为第一批要修建的建筑之一。锅炉房的火炉用于加热洗浴用水，供热气。热水存放于缸里备用，热气则在地板下、墙内流动。你需要在温室和热室下建一个火坑供暖系统给它们加热。

即使在行省，你的住宅也应该向当地居民显示你才是首领。一间与庭院相当，带有降温雨水池的、宏伟的中庭可以给你的客人留下很深的印象。马赛克和墙上的装饰画可以增添风格。底层房间可以出租为店铺。房屋的高墙以及少窗少门的设计形式能阻隔街道上的嘈杂声。

罗马帝国行省

你成功完成了你的任务。几年之后，你的堡垒就会发展成一个繁华的城镇。你给这块土地带来了和平，但也要确保城镇四周有一道坚固的城墙来阻止将来蛮族的攻击。

你的部分军队可能会在这里定居下来。你应该鼓励当地人搬到城镇居住。如果你的行省有足够的吸引力，罗马居民（共和时期有特殊权利的人民）甚至可能会从罗马移居到此。

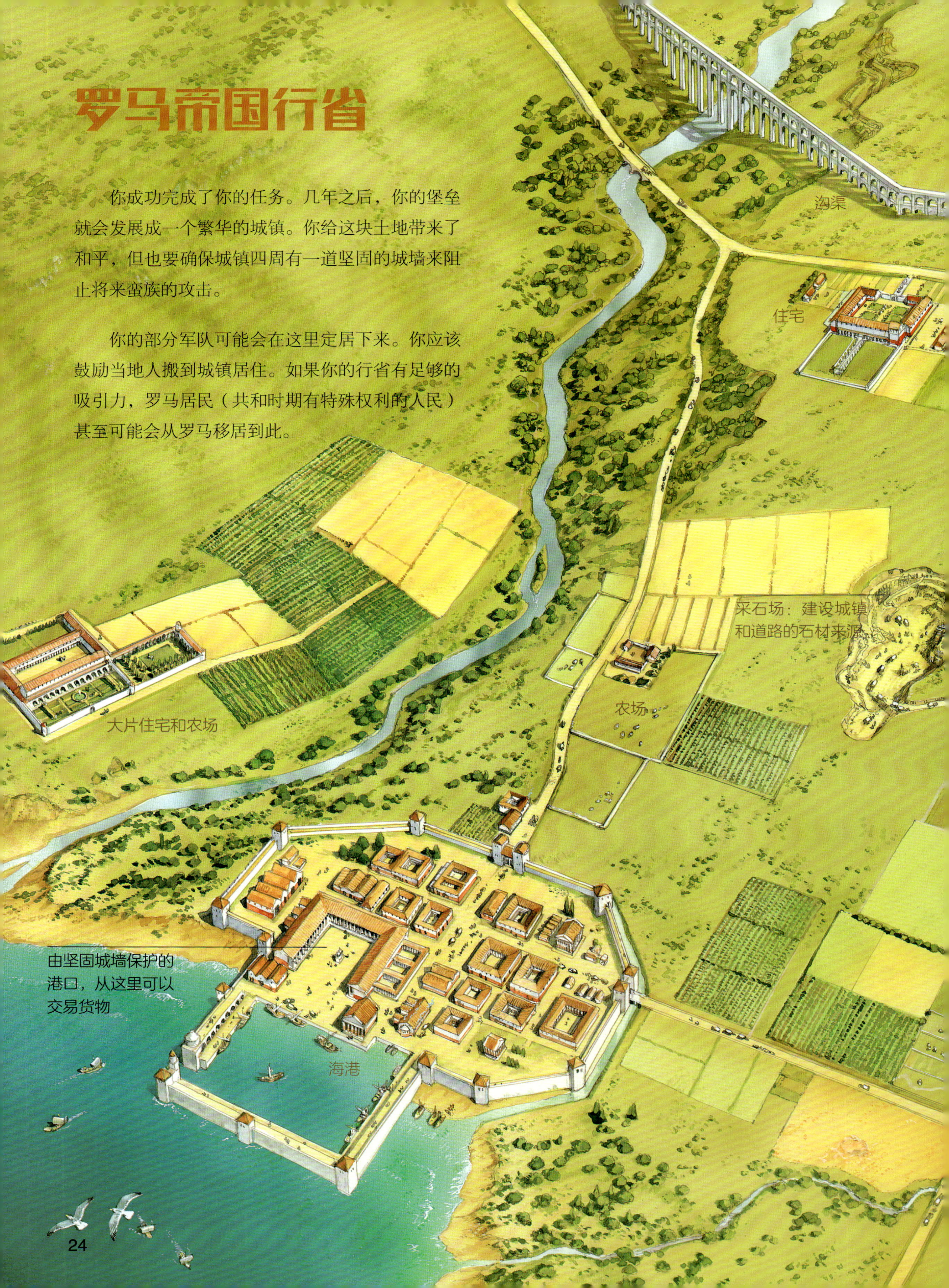

在城镇外面，海岸边有一个繁忙的港口。这是从帝国其他地方交易奢侈品的地方，也可以出口羊毛、陶罐和其他产品去罗马或别的地方。新修的道路连接着港口和城镇。

乡下的农场为城镇提供粮食。新修的竞赛跑道非常受欢迎，人们可以在这观看车赛。修建的沟渠源源不断地给城镇提供淡水。由于你的军事和管理能力，这个行省现在蒸蒸日上！干得好！

时间表

公元前753年

在现代的意大利版图上，罗马城开始修建。

公元前510年

罗马共和时期，由元老院统治，其成员都来自罗马的富裕家庭。接下来的250年，罗马逐渐征服周边国家。

公元前264年

罗马控制了整个意大利。罗马与北非城市迦太基之间的布匿战争开始。双方都想控制地中海。

公元前218年

汉尼拔，一名迦太基统帅，率领一支强大的军队（包括37头大象）越过比利牛斯山和阿尔卑斯山入侵意大利。

公元前202年

罗马战胜汉尼拔，入侵西班牙。

公元前146年

罗马征服希腊。

公元前73～前71年

格斗士斯巴达克斯率领9万奴隶起义，反抗共和政权。经历过几次胜利之后，这次起义还是被军队镇压了。斯巴达克斯战死沙场。

公元前58～前51年

来自罗马富裕家庭的杰出政治家、军事家朱利叶斯·凯撒征服法国的高卢，从此在罗马备受欢迎。

公元前49年

朱利叶斯·凯撒控制罗马，成为最有权力的领袖。他采用新法律让罗马变得更加富强。

公元前44年

朱利叶斯·凯撒被元老院暗杀，因为他的权势越来越大。其继承者屋大维（凯撒养子）和军官马克·安东尼展开了斗争。

公元前31年

屋大维在希腊亚克兴海战中打败为埃及女王克利奥帕特拉出战的马克·安东尼。埃及成为罗马帝国的一个行省。

公元前27年

屋大维成为罗马第一任皇帝，标志着罗马帝国的开始。他尊号奥古斯都，逝世于41年后，即公元14年。

公元43年

罗马第四任皇帝克劳狄征服不列颠。

公元60年

不列颠将领布迪卡反抗罗马统治，但被镇压。

公元105～117年

图拉真皇帝征服东欧，罗马帝国疆域达到最大。

布迪卡于公元60年在不列颠率领军队反叛

公元235～284年

瘟疫、饥荒、反叛和蛮族进攻削弱了罗马帝国的势力。公元260年，罗马在帝国东部被波斯打败。

公元370～410年

罗马帝国受到亚洲匈奴人、北部和东部的蛮族进攻。罗马从高卢、不列颠撤兵。

罗马帝国

这幅示意图展示了公元117年，罗马帝国在其鼎盛时期的领土范围。北及不列颠，南及埃及，东至里海。这一时期，罗马人口达到了大约5000万。

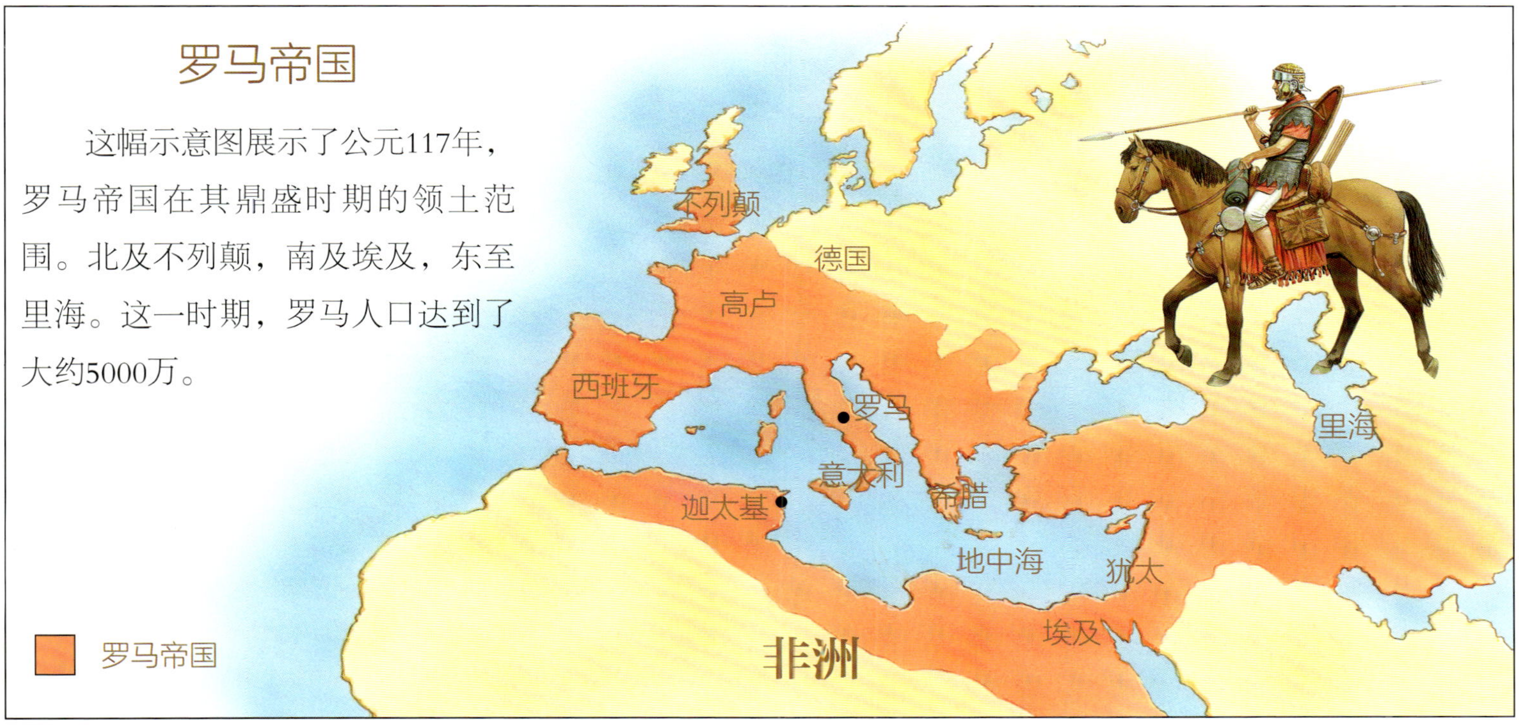

公元395年

罗马帝国一分为二：东罗马帝国和西罗马帝国。西罗马帝国很快被蛮族占领。罗马再也无法恢复到以前的疆域。

公元410年

罗马遭哥特人洗劫。公元455年，汪达尔人的进攻进一步削弱罗马。

公元476年

蛮族将领奥多亚塞打败罗马皇帝罗慕卢斯·奥古斯图卢斯，自己做了意大利的国王，标志着西罗马帝国的灭亡。

汪达尔人于公元455年摧毁罗马

词汇表

竞技场： 罗马人的娱乐场所。通常呈圆形或半圆形，中间是舞台，座位在四周高起的梯级上。

渡槽： 引天然的泉水或河流等干净水源入城的管道水渠系统。

蛮族： 居住在罗马帝国之外的人。蛮族人被罗马人视为粗鲁、未开化的人。

长方形廊柱大厅： 一栋巨大的公共建筑，通常建于城镇的中心广场，是当地重要的商业区。

百夫长： 百人队的指挥官。

百人队： 由80人组成的军事单位。

敞篷双轮马车： 由马拉的双轮马车。罗马人用其运输或竞赛。

百夫长展示他的金属圆牌（奖章）

罗马人双轮马车比赛

公民： 生于罗马，父母为罗马人，拥有选举权，需在军队服役。公元212年，所有自由人都是罗马公民。

胸甲： 罗马士兵穿着的皮质或金属护身盔甲。由多条连接组成，相比一整块，更加灵活。

便士： 银币。公元1世纪，一名军团士兵的薪水为一年225便士。

罗马帝国： 公元前27年之后的大约500年间，由罗马人统治的土地和人民。罗马帝国由皇帝统治。

集会的公共场所： 城镇中间开放的地方，集市在这里举办。它也是一个很受欢迎的集会场所。

角斗士： 受训的奴隶、罪犯或战俘，在竞技场上互相格斗或与动物格斗来愉悦人们。角斗士有时会被斗死。多次胜利后的角斗士有可能获得自由。绝大多数角斗士是男人，也有一些女角斗士。

政府官：罗马行省的统治者。有时，军衔高的士兵也能成为行省的政府官。

火坑供暖系统：从火炉里将热气逼至地板下或墙体里的通道的中央加热系统。

拉丁语：罗马帝国的官方口语和书面语。现在在日常生活中已不再使用。在一些现代欧洲语言中，很多词汇都来源于拉丁语，如英语（特别是医学和科学词汇）、法语、意大利语和西班牙语。

军团：罗马军队最大的单位，大约由5000人组成。

马赛克：一种将五颜六色的石头、陶片或玻璃镶嵌入水泥的装饰图案或图画。马赛克通常用来装饰地板。

金属圆牌：圆盘形金属奖章，饰于士兵胸前的皮带上。

第一步兵大队：军团里最大的步兵大队，由10个百人队（800人）组成。

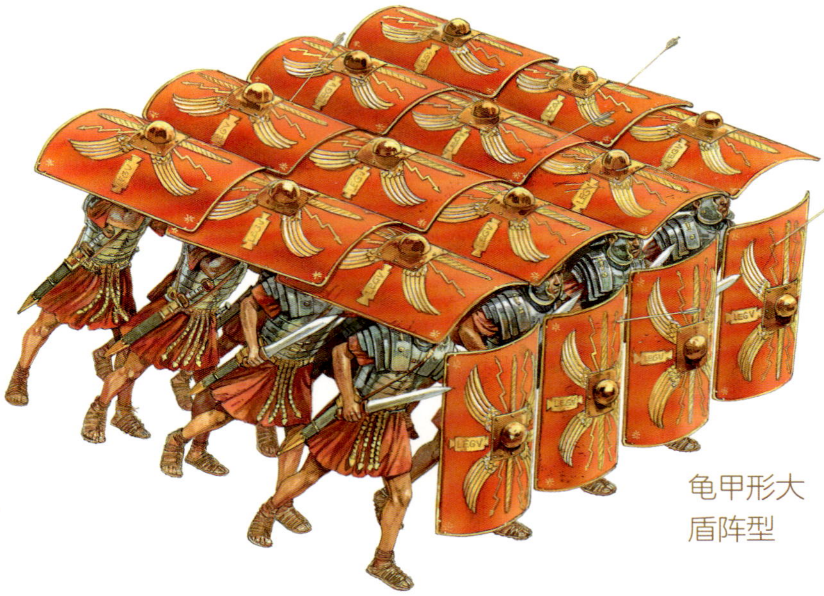

龟甲形大盾阵型

步兵大队或罗马步兵单位，通常由6个百人队（480人）组成。

共和国：公元前509年～前27年间的罗马，由元老院统治。

元老院：协助管理共和国和帝国的一群被推选出来的人。

奴隶：被卖给另一个人免费为其做苦力的人。奴隶没有人身自由，被主人当财产看待，任意驱使。只有主人才能给予他们自由。

龟甲形大盾：一种军事作战队形，士兵把盾牌排列到一起，以保护整群士兵，向敌军进攻。

角斗士在战斗